JN071607

生きることは死ぬこと

―*Die to Live*―

おだやかに死を迎えるには

生きることは死ぬこと
― *Die to Live* ―

まえがき

ある智慧（ちえ）のある方が「人間の最大の不幸は、悔しい思いをもったまま死ぬことです」と説かれました。それは、「死ぬのはいや！ まだ死にたくない！」と思いながら死ぬことです。よく言われる「成仏できない」とはこのことで、人生をまっとうすることができなかったということになります。

もし今日、死を迎えるとしたら、あなたは大丈夫ですか？ すこしでも不安が残る方は、こころを育てる必要があるということです。それはこころの底から安心して生きることで、同時にいつ死んでもよいという生き方です。こころを育てるのは、けっして難しいことではありません。むしろ難しく考えず、ただありのままを見るのです。言葉や知識でがんじがらめになっている私たち現代人には、それが難しくなってきています。

この本が、そのような私たちにとって、「生きること、死ぬこと」の手引きとなるよう願っています。

私たちは日常のできごととして、朝、日の出を拝み、西に沈む夕日を見ます。説明のいらない、爽やかで美しい日常の光景です。夕日はすこし感傷的な気持ちを誘う面もありますが、毎日起こる自然現象の朝日や夕日を見て、悲しくなって泣き叫ぶ人はいません。人が生まれること、死ぬことも、この日の出や夕日と同じ現象です。そのようにありのままを理解できたら、よろずの悩み苦しみは消えてなくなります。

私たちはいろいろな問題を抱えて生きています。老いること、病気になること、死ぬことはだれにでもかならず起こる大問題です。くわえて、高齢化社会とよばれるいま、認知症はどこにでも見られる社会現象となっています。また、自宅を離れ、病院で死期を待つように日々過ごしておられるお年寄りの数は、全国では何万人といったおびただしい数になるでしょう。そのなかには、認知が壊れ、はっきりとした意識のないまま、点滴などによってどうにか生をつないでいるといった方もおおぜいおられます。

日本は世界一の長寿国となりましたが、同時に統計では五〇〇万人の認知症患者を抱える、先進国で最も認知症の発生率の高い国です。これは、私たちが深刻な晩年の暮らし方、死の迎え方の問題を抱えていることを示しています。

　認知症とよばれる病気のなかでは、その大部分が生活習慣に起因するものであると専門の医師が語っています。もし、このことがほんとうなら、元気なあいだに生き方・考え方・思考習慣を見直して、問題を改善することもなくすことも可能なはずです。また、それはそのまま幸福に一度の人生を余すことなく生きることでもあります。自然界の動物がそうであるように、人間もほんらい、明るく生まれて、明るく生きて、明るく死ぬ力を十分にもっています。それなのに、その人の生前のものの見方、生き方や思考習慣に起因して、それが妨げられているのです。

　そこで私は、一度の人生を最期まで幸福に生きるには、「生きること」と「死ぬこと」の両方をよく理解することが不可欠だと思うのです。人生のことを「生死（しょうじ）」と表現することがあります。それは文字どおり「生きること・死ぬこと」です。多くの人々は、人生を「生きること」だと理解し、生きることばかりに重点をおいていることが、私には大問題に思えます。「人生」という言葉がそれを示唆しています。それは人の生の半分しか知らないということです。

　「生きること」とは、食べること、寝ること、学ぶこと、仕事すること、遊ぶこと、新聞を読むこと、恋愛し結婚すること、子どもを育てること、旅行すること、病院に行くこと、老後に生き甲斐を見つけること…。つまり、あなたが日々しているすべての生活です。「生きる」とは暮らすことであり、それは「何かをすること」です。しかし、この「生きること」は人生の半分でしかない、と智慧のある先達は語っています。もう半分とは、「死ぬこと」です。それは、すべてが終わることであり、「すべてには終わりがある」と知ることです。また、「何かをすることを終わりにする」ということであり、「生きることを終わらせること」でもあります。

この「死ぬこと」「すべてに終わりがあること」を理解しないで、何もしないでいる安らぎを学ばない、いさぎよく死を認め、みずから終わらせることをしない人が圧倒的に多いのです。これは食べて遊んで、後かたづけはしませんという生き方になります。

その結果、人生の後半の予定が狂いだして、右往左往し、道を見失う人があまりにも多いと私は感じます。この本は、そのような人生のよろずの憂い悩み苦しみを解決する智慧として、「生きること」と「死ぬこと」を真正面から問うてみたいと思って書きました。私自身が六十数年生きて学んだこととして、みなさまに問いかけ、一緒に考えてみたいと願っています。

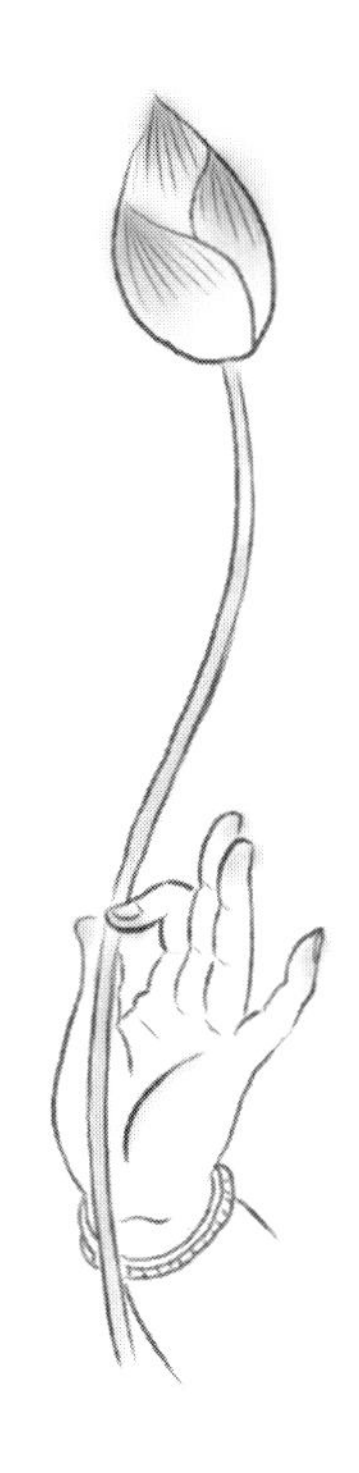

《目 次》

第一章 死ぬこと

第一章　死ぬこと

生きることを知るには、死ぬことを理解することが肝心

うまく生きられない人、人生に悩み多い人、寂しくて生きる気力の弱い人、このような人たちには共通点があります。それは、生きることだけに精一杯で、死ぬことを理解していないことです。まず最初に、「生きること」を「死ぬこと」から考え直してみましょう。

死とは何か？

死という言葉を知っているからといって、死を理解したとは言えません。死とは何かを考えだすと、これは予想外の大問題であることがわかってきます。自分が病気やケガで死ぬ。私という意識が消えて、生命活動が終わる。まずは、その辺りから話をすすめていきます。

死を嫌う人々

多くの人は死を嫌っています。おそらくはこの世で出合う最もいやなできごとが、自分や自分の親しい人の「死」と言っても間違いないと思います。仏教国なのに、日本では死を嫌う傾向が強く　数字の4や42さえ、死を連想する数として嫌われています。ホテルの部屋番号や車のナンバーからも外されたりします。あなたも、自分が宿泊するホテルのルームナンバーが42号室なら、いい気持ちがしないでしょう。

死を嫌うのは愚か

死を忌み嫌うのは、とても愚かなことです。なぜなら、死は私たちの人生の最終目的地だからです。目的とは思えないでしょうが、残念ながら私たちの人生は一直線に死に向かっています。死はあなたの人生の最終目的地に違いありません。あなたはそれを否定することはできないでしょう。ですから、死を忌み嫌っていたのでは、どんなに楽しく人生を享楽していても、結局最後はいちばんいやな場所にたどり着くことになってしまいます。それは、人生を棒に振るようなことです。死を嫌うことは愚かです。生きる目的がわからないという人はひとつ考えてみてください。じつに、いさぎよく死ぬことは、我々の人生に共通する目的とも言えるのです。

死ぬことはあたりまえ

死ぬことはあたりまえです。どんな理由であれ、年老いていても、若く健康であっても、事故や事件に遭遇したり病気になったりして、死ぬときには死にます。あなたが納得しようがしまいが、嘆こうと神仏に願いをかけようと、死ぬことはあたりまえです。死は真理です。真理とは、人間の考えで変えられない事実のことを言います。

死ぬことは確実

この不確かな現実社会に生きていて、私たちは確かなものを欲しがっています。家も車も職業も病院選びも年金も、結局確かなものを探し求めて生きているのです。生命保険や信仰さえも、確かなものを求める考えが根底にあって成り立っています。しかし、この世界も人間社会も、明日の天気のように不確かです。これらはすべて、どれも変化し、やがて壊れゆくものです。そんな人生のなかで、一つだけ確かなことがあります。それは、私もあなたも死ぬということです。ですから、確かなものを求めるなら、「私は死ぬ」、これほど確かなことはありません。繰り返しますが、死は真理です。そして、その前に老いることや病気になることがあります。

三つの確かなこと【三つの真理】

「老いること・病気になること・死ぬこと」。これはみんな確かなこと。それを真理とよびます。人間の力、努力で乗り越え、回避できるものではないのです。

死ぬことは不幸ではない

老いること、病気になること、死ぬことは、いずれも私たちが望むことではありませんが、避けることができない真理です。悲しみを伴うこともありますが、けっして不幸なできごととは言えません。不幸は別の要素から生まれます。

他の生命の死を喜んでいる

死を嫌っていることを話しました。しかし、その嫌っている死とは、自分の死、あるいは自分の好きなものの死という限定が入っています。あなたはわがままにも、自分や自分の好きな生命の死は嘆き悲しんでも、その他の生命の死に対しては冷酷で、ときにそれを喜んでいます。秋になって、サンマを食べることは楽しみでしょう。豪華な舟盛のお刺身を見て、おおいに喜んで、それを新鮮だ、美味しいと言って受け入れています。新鮮とは死にたてということです。冬には、茹(ゆ)でて赤くなったカニを見て、食欲をそそられる人も多いでしょう。死体を並べて見て喜んでいるのです。自分の周辺の死を忌み嫌う反面、他の生命の死は喜んで受け入れている事実を見てください。死は縁起が悪い！なんて、迷信であることがすぐにわかります。

死のおかげで生がある

死を嫌うどころか、私たちは死のおかげで生きていられます。あなたが食べているもの、これまで食べてきたものをよく見てください。水と塩以外はそのほとんどが、他の生命の命＝死です。私たちは他の生命の死を食べて生きているのです。菜食主義・ビーガンと言っても、植物も生類に入れたら、どの道、生命の死を食べて生きていることに変わりないでしょう。

他の生命の死を食べて生きている

このことをまず認めましょう。死は縁起の悪いものではなく、死は生命の源であり、他の生命の死のおかげで、私たちは生きています。ですから、食事をするとき、まず手を合わせて「いただきます」と言うのはあたりまえです。死を忌み嫌うのではなく、死に感謝するのです。ほんとうは、「懺悔（さんげ）」（自分の悪業（あくごう）を自覚すること）が必要なのです。

私たち人間は、地球とそこに生きる生命を自分の所有物だと考えているようです。できるかぎり他の生命の迷惑にならないように生きる。そして、日々みずから懺悔する。このような謙虚さが必要不可欠なのです。それらが欠落していることが、我々の抱えている問題の根本にあるのです。

死は目に見えない

角度を変えて考えてみましょう。あなたは死を見たことがありますか？　そんな人はいないはずです。死は目に見えるものではありません。死は目に見える現象ではなく、こころの世界で起こる何かです。

死を経験したことがない

死を経験したことがありますか？　この質問は愚かな質問かもしれません。死を経験した人は死んでいるので、この世に存在しません。私たちは自分の死を経験したことはないのです。見たこともない、経験したこともない死とは、いったい何なのでしょう？死とは何か？　大いなる疑問をもってください。

言葉と実体

死は妄想です。死は存在しません。そう言ったら、驚かれるかもしれません。しかし、言葉があるからといって、その言葉が指し示すものが存在するかどうかはわかりません。私たち人間の世界は、言葉でつくられています。言葉の世界には、神さま・宇宙人・霊魂・幽霊…など、言葉はあっても、その存在が歴史のなかで現れたためしのないものが山ほどあります。じつに、死は、神さま同様にあるかのように語られ続けていますが、その実体は明らかではありません。それは実体として存在しないということです。ですから、死を見たこともないし、経験したこともないのです。

言葉の世界

私たち人間は言葉の世界で生きています。水という言葉には、対象となる水が存在します。このような場合、問題は起こりにくいです。しかし、神さまや死という言葉では、実際の対象は明らかではありません。また、人間だけに存在する概念もあります。お金・約束・預金・権利・義務…こうした言葉もよくよく吟味せず、本質を見ないで、それらが「ある」として、それらに依存して生きていれば、次から次へと問題が起こります。それでは、ほんとうの幸福には至れないのです。

生と死は一つのもの

ここに「生死」という言葉があります。これは智慧のある言葉です。生と死はほんらい一つのものであって、分けられない。ですから、死とよばずに生死とよぶのが正しいのです。簡単に言えば、「生まれたものは死ぬ」ということで、人生には、「生きること」と「死ぬこと」、「始まること」と「終わること」という二つの側面があります。そして、その二つは、一つのものであって、けっして分けることはできません。死だけが単独に存在するのではありません。これはシンプルな事実です。あなたは何十年か前にこの世に「生」を受けました。そして、現在もその生存が続いています。その生存の最終目的地が「死」です。それで、生死という言葉は、人生という意味でも使われます。生と死は一つのものです。けっしてそれぞれ単独では存在しません。

生と死はセットメニュー

表裏一体という言葉がありますが、空腹と満腹、苦しみと幸福感など、コーヒーとトーストがセットになっているみたいに、生と死はセットメニューです。どちらか一つだけ欲しいと思っても、それは無理な相談なのです。地球に昼と夜があるように、人生にも光と影があります。この両方をあるがままに受け入れないと、けっしてほんとうの幸せには至りません。

死は妄想

そんなわけで、言葉ではなじんでいる「死」は、単独で存在するものではなく、その実体もありません。あなたが死なないと言っているのではありません。死とは一つの流れであり、原因と結果の法則でかならず起こる何かです。かならず起こることですから、ほんらい縁起が悪いとか、恐ろしいとかいうものではないのです。あなたが言葉で対象として理解している死は、たんなる妄想概念にすぎません。

死の見方は人それぞれ

ここまで、死は忌み嫌うものではない、恐れるものでもない、実体もない、というお話を進めてきました。これから、もっと先に進んで、死について学び、その見方を改めたいと思います。なぜなら、人によって死のとらえ方はまちまちで、その人の見方で変えられるものだからです。より正しく死を理解したほうが、幸福に近づくことができます。

こんなにある死のよび方

「死」をどうよぶかで、受け止め方も変わります。死をあらわす言葉はたくさんあります。いくつか紹介しましょう。

臨終（りんじゅう）＝ほんらい死ではなく、死に臨むこと。
末期（まつご）＝死にぎわ＝**今際**（いまわ）
彼岸（ひがん）＝生は此岸（しがん）、死は彼岸。彼岸は悟りの世界という意味もある。
往生（おうじょう）＝この世を去って、ほかの世界に生まれること。転じて死ぬこと。
輪廻（りんね）＝迷いの世界を生きかわり、死にかわること。
三途（さんず）**に帰る**＝生前の悪業により、地獄・餓鬼・畜生に生まれること。転じて死ぬこと。
生天（しょうてん）＝生前の善業により、天界に生まれること。転じて死ぬこと。
滅尽（めつじん）＝滅ぼし尽くすこと。
涅槃（ねはん）＝最上の安らぎ、死滅、二度と母体に宿ることのない終焉（しゅうえん）。
＝**円寂・寂滅・解脱・入滅**
死王（しおう）＝死を単独で言うとき、お釈迦さまは『死王』とよばれました。
死を王様にたとえるほど、敬意と畏怖の念を込められたのです。
老も病も死も　真理です。

終わりについて

次に、「終わり」という言葉について考えてみます。なにごとにも終わりがあります。人間としての生にも終わりがあります。それを死とよんでいます。もう一度確認しますが、私たちの人生の最終目的地が死です。それはこの世の生の終わりで、私という意識も終わります。

終わりと始まり

終わったら何があるのでしょうか？　それはじつに始まりがあります。あなたの人生で経験した数々の終わりを思い返してください。その終わりは、すべて始まりになっています。

小学生が終わったら、中学生が始まります。学生生活が終わったら、社会人の暮らしが始まります。独身生活が終わったら、結婚生活が始まります。定年で仕事を終えたら、老後が始まります。

終わりは始まり

何かが終わるということは、次の何かが始まるということです。終わり＝始まりになっています。これは世の中のどんな現象であってもそうなっています。終わることが望みではない、始まることが望みではない、ということは珍しくありません。しかし、あなたが望もうと望むまいと、ものごとは終わり、そして始まります。これは生死の法則です。生滅の法則とも言います。この世のすべては、生じては滅し、滅しては生じています。世界も私もその法則に逆らうことはできません。この法則を正しく理解したなら、あとで説明する「輪廻」が迷信ではないことが理解できると思います。

死んだらどうなるの？

死んだら、そのあとに「死後の世界がある」という話をよく耳にするでしょう。それもじつは人間の希望的観測、予想や妄想にすぎません。驚かれるかもしれませんが、死の終わり、その次にあるものは生です。死んだらそのあとに、死後の世界がある…というのは、人間の勝手な妄想であって、死のあとにあるのは始まりです。死んだら何かが始まるのです。死のあとには、「私」という意識は消えてなくなり、始まりがあるのです。

生は死によって起こる

あなたは遅かれ早かれかならず死を体験しますが、その死はこの世で体験するのであって、死後に体験するのではありません。死の本質を理解したら自然とわかることですが、死は死後にあるのではなく、生のうちにあるのです。この世の生の最後の瞬間が死です。つまり、死は生のなかにあり、死は生によって起こります。そして、生は死によって起こるのです。これを古くから、生死とも、輪廻ともよんでいます。ですから、死ぬことは終わりではなく、死は何かの始まりであると理解されたらいいでしょう。

生死と生滅

日常の生活も、よくよく観察したら、さまざまな小さな死があって、生があります。何にしても、終わらないと始まりません。この日常的な微細な終わりと始まりを「生滅」といいます。すべては、生じては滅しています。すべてのものごと、生命も、できごとも、生じては滅しています。これがじつに生きているということです。歯を磨いたら、歯を磨くことに終わりがあります。このように、あなたの目の前で起きているすべてのできごとを、始まったら終わる、生じては滅していると観察すると、深い智慧が生まれます。

日常にある生滅と真理

食べることも生滅、話すことも、聞くことも、見ることも生滅、日常生活のすべては、何かが生じては滅しています。元気な人も、病気の人も、赤ちゃんも老人も、みんな生きているということは、何かが生滅しているということです。生命でなくても、一見動いていないるように見えない物質も生滅しています。この世界を支配している真理が生と滅の法則なのです。

常にあるのは変化、生も成長も死も変化

ご飯を炊くとき、お米が死んでご飯になります。お米のままでは食べにくいです。赤ちゃんが成長して少年になる。これも赤ちゃんが終わって、少年になるということです。

娘も終わって母になる。すべて、微細なものも含めて、古いものが死んで、新しいものが生まれるということです。これを成長とよんだり、老いとよんだり、要点は、すべてが止まることなく変化しているということです。常にあるのは変化であり、生死生滅です。

終わったら始まる

なんであれ終わったら、何かが始まります。同じように、死んだら始まりがあります。ある人が死んだら、それは生まれたということです。どこでどのような生を受けるのかは、私たちにはわかりません。「死んだ」ということは「生まれた」ということです。このように死を見たら、「死ぬ」ということの見方が変わっていくでしょう。

諸行無常の次の句

「諸行無常」という言葉は、多くの日本人に親しまれています。これは、お釈迦さまが説かれた真理で、「すべてのものごとは変化し壊れゆく」という意味です。しかし、ほとんどの人は、これがお経の一部分だということを知りません。そのお経の次の文句は「是生滅法」です。直訳すると、「これは生滅の法則である」。続けて言うと、「すべてのものごとは変化し壊れゆく。それは生と死、生と滅の法則です」となります。すべては生じては滅する、生と滅でこの世が成り立っている、という意味です。

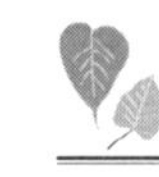

よく生きるとは死ぬこと

終わったら何かが始まるということは、死のなかにこそ新しいものを生む種があるということです。継続するものには、新鮮さも再生もありません。真正面から言えば、日々すべてに対して死ぬことが、余すことなく生きることです。不死というものが存在するなら、このことが不死です。一瞬一瞬「私」が死にゆくとき、そこに悔しさや後悔、恐怖はありません。それこそがいまを生きることではないでしょうか。

生きることは死ぬこと

「すべてのものごとは変化し壊れゆく」。これは真理なのでだれも逆らえません。この真理をこころの底から理解したら、すべては生じては滅している、生きることは、いまあるものが変化し壊れていくことだ、と明確に理解できます。それはつまり、生きることとは死ぬことなのです。

原因と結果の法則

終わったら始まりがあり、死んだら次に生があります。すべては因果法則によって生起しています。生が原因で、結果としての死があるように、どのように生きたかという原因で、結果も変化します。死んだ人の生前やったとおりの結果で、次の生を得ると言われています。けっして死んだら終いではないことだけは、肝に銘じておいてください。結局のところ、どのように生きるかが大切です。死後の幸福を望むのであれば、残された余生をどう生きるのかを考えるべきです。それはつまり、いまが肝心なのです。

なくなるとは？

よく私たちは「なくなる」という言葉を使います。ふつうに人々が使う「なくなる」という言葉は妄想です。事実ではありません。コップの水を飲んだら、水がなくなったと言う。財布にあるお金を使ったら、お金がなくなったと言います。では、ほんとうにそれらはなくなりましたか？　そんなはずはありません。水は私の体内に入りました。お金はスーパーのレジに移動しました。けっしてなくなったりはしません。私たちが使う「なくなる」という言葉は、正しく言えば、見えなくなる、認識できなくなる、ということです。要点は、すべて刻々と変化しているということです。ある人が亡くなったというのは、死んでなくなったのではなく、見えない触れられないところにこころが逝った、変化したということです。

減ったり増えたりしない

「不増不減」という言葉が「般若心経」に出てきます。これは、物質は変化しても、増えたり減ったりしない、という真理の言葉です。そもそも、地球上のあらゆる物質もエネルギーも、変化しているだけで、質量が減ったり増えたりしているのではありません。質量保存の法則は、すでに明らかにされた物理法則です。

「精神作用」と「物質」

この世にあるすべての存在を達観して大胆に見たら、「精神作用」と「物質」の二つに分けることができます。要するに、「こころ」と「もの」の二つです。この大胆な見方はとても大切です。すべてのものごとをこのような見方で観察してください。私たち自身も「こころ」と「もの＝肉体」でできています。

精神作用＝こころ

物質は一見その構成が複雑でも、そんなにややこしいものではありません。たかが物質です。しかし、精神作用はたいへん複雑で、その構成を見ることさえ、慣れないと難しいです。この不可思議な「精神作用」、「こころ」がある、と理解してください。こころは実際にあります。あなたの本質はこころです。まず、こころを「知る機能、感じる機能をもった一種のエネルギー」として見てください。

「こころ」と「肉体」

私という存在は、「こころ」と「肉体」の二つの要素でできています。この世で起こる私の死とは、その「こころ」と「肉体」が離れることです。人が死んだら、その肉体はこの世に置いていくでしょう。肉体は物質であり、他の生命を食べてつくり、維持管理してきたものです。もともとみじんも私のものではないので、この世に残して逝きます。肉体は乗物のようなものです。お世話になりました、とこの世に置いて去っていくのです。肉体が物質であることは間違いのない事実です。いっぽう、こころとは、その肉体に宿った目に見えないエネルギーです。電気のようなエネルギーといったん理解してください。確かにあるでしょう。生きている人なら、いまここで確認できます。脳内では、ほんとうにおびただしい数の微細な電気信号が生起し流れているのです。

「こころ」と「肉体」、いつか離れる

こころと肉体は、もともと別のものです。新車で買った車がポンコツになるように、肉体という乗物は、いつか壊れて動かなくなります。動かなくなれば、仕方なく、選択なく、こころはその肉体を離れます。死とは、肉体が壊れて機能しなくなる、この世の最期に起こる現象です。私を「運転手」と「車」、「こころ」と「肉体」の二つに分けて見るように心がけてください。あなたの車（肉体）も、じつにかなり壊れて傷んできているでしょう。遅かれ早かれ、間もなく、私もあなたもこの肉体を捨てて旅立たなければなりません。もう覚悟を決めたほうがいいのです。

こころも体も壊れゆく

こころも体も、どちらも変化して壊れていくものです。自分の体はいずれ壊れていくもの、と達観して理解することが大切です。それを心底納得したら、楽に生きることができます。しかし、こころが変化し壊れていくものと理解するには、さらなる深い理解が必要です。まず、体もこころもけっして消えてなくなるというものではなく、微細に分解され変化変容するのだと理解してください。壊れていくけれど、消えてなくなるものではありません。

死後を憂う必要はない

死ぬことがすべての終わりではないこと、死んだらすべてが消えてなくなるものではないこと、このことは納得できたでしょうか？　これが腹に落ちたら、自ずと死んだらどうなるのかが見えてきます。あることが終わったら、その因縁によって何かが生起します。納得しようがしまいが、それが因果の法則です。死んだあとの生は、原因と結果の法則によって起こります。そして、生きることはあなたの管轄ですが、死んだあとのことは管轄外です。何かが起こる、なるようになる、やったとおりになる、とまずは納得されたらいかがでしょうか。死んだあとのことを考えて、憂い悩む必要はないのです。

生死の法則　毎日死んでいる

私たちの生が死によって支えられていることは、すでにお話ししました。ここで、ひとりの人間を構成している細胞について考えてみましょう。人間はおよそ、四十六億個の細胞からできていると言われています。その一つひとつの細胞も、生死を繰り返しています。人間を構成する一つの細胞の寿命は最長で数年、おおかたの細胞は約三ヶ月と言われています。おおまかに言えば、体を構成する細胞は、三ヶ月でほぼ入れ替わるということでしょうか。ともかく、私たちの体を構成する細胞は、常に生死生滅しているのです。

食べるのは体の修復のため

細胞単位での死は日常茶飯事で、元気で活力がある、とはこの生死が頻繁に正常に起きているということです。お風呂に入って体を洗えば、アカ・老廃物が落ちます。あれは私たちの細胞の死骸です。しかし、心配することはありません。元気な人の体は、一つの細胞が死んだら、次の細胞を生みだします。何かを食べるのは、その修復の材料を摂取するためです。食べることは、体の修復のための作業なのです。ですから、人生の最期には食べる必要もなくなります。

死んだものと生まれるもの【物質世界】

一つの細胞が死んだら、次に新たな細胞が生まれます。死んだものと次に生まれるものはそっくり、という法則があります。赤ちゃんのツヤツヤの肌の細胞が死んだら、同じようなツヤツヤの細胞が生まれます。若い娘の肌の細胞もしかり。お年寄りのシミだらけの肌の細胞が死んで、ツヤツヤの細胞が生まれることはありません。これも因果法則に従って、やはりシミのある肌の細胞が生まれます。死んだものと次に生まれるものは、そっくりです。ですから、昨日娘であったが、今日は老婆になったということはありません。老婆が娘に戻ることもありません。私たちの生きているあいだずっと、細胞は死んでは生まれ、生死を繰り返しています。しかし、毎回毎回少しずつコピーミスをして、劣化していきます。これが老いという現象です。やがて、コピーもできなくなる終わりがきます。それが人の死です。

死んだものと生まれるもの【こころの世界】

死んだものと、その結果生まれるものはそっくり、という法則についてはお話ししました。それは物質の世界だけの法則ではなく、こころの世界も同じ法則で生起消滅しています。広く人間社会を見たとき、幸福な人、優しい人、こころの広い人、反対に、不幸な人、よく腹を立てる意地の悪い人がいるでしょう。なぜこのような違いがあるのでしょうか？　それは、神さまがそのようにさせているのでもなく、悪魔に支配されているのでもありません。その人のこころで生まれては消え、生じては滅している感情や思考の傾向と流れ、習慣力がそうさせています。要は自分の意志（業）でそうしているのです。

物質の変化と速さ

物質の変化を認識するのは、それほど難しいことではありません。家のまわりに転がっている石でさえ、長い年月で変化していきます。柱の木材も長い時間がかかりますが、変色して壊れていきます。変化がゆっくりな物質を利用して、人は家を建てたりしています。また、同じ物質でも、テーブルに飾った生花や自分の体などは、変化が早いです。それでも、それらが瞬間瞬間に変化していることはなかなか観察できません。

そもそも、人間の認識は、あらゆるものごとが変わらずにそこに存在している、と錯覚しているので、物質であれ、それらが変化し、生滅していることを観察するのは難しいのです。

こころの変化と速さ

物質の変化はゆっくりです。それでも観察することは難しいと話しました。次はこころの変化についてです。こころの変化・生滅は、物質と比べたら、とんでもない速さで起きています。こころの変化・生滅を観察し理解するのは、さらに難しいのです。自分のこころが変化しているのはなんとなく知っていても、どのように変化しているのか知らないのではありませんか？

こころの寿命は瞬間

じつにこころの寿命は瞬間です。生まれたこころは、次の瞬間には消滅しています。こころは瞬間に生まれて、次の瞬間に死んで、また次のこころが生まれています。私のなかに認識が生まれ、それがずっと変化せずに継続して、「私」が存在すると思うのは錯覚です。坐（すわ）って落ち着いて、そのありのままを自分で観察できるようになると、「無我」というお釈迦さまの説かれた真理が、いまここで体感できるようになります。

輪廻の主体

輪廻する主体は、霊魂や我ではなく、こころというエネルギーであり、こころの習慣力や癖が生滅連鎖し流転することが輪廻です。そういう意味で、輪廻は細かく言えば、いまここで現実に起きている生滅であり、大きく見れば、次の生へと生死流転することです。輪廻の主体という言葉を使いましたが、それは霊魂や魂とよばれるような固定した変化しないものではなく、感情や情念のような形のないエネルギー、習慣力そのものと私は理解しています。

こころの生滅

こころがとんでもない速さで生滅しているのを理解することは、簡単ではありません。坐って落ち着いて、それを観察することを、こころの修養とか瞑想とよんでいます。ふつうの人は「私がいる」と考えています。それは、「私」という変わらないこころが「ある」、という錯覚です。扇風機の羽やコマが高速で回転しているとき、それらは止まっているように見えます。これは錯覚ですが、人間の目にはそのように見えます。こころもこれと同じで、高速で生起消滅を繰り返し回転しているので、「私がある」と錯覚するのです。こころはものすごい速さで、生滅し変化し続けているのです。

「喜び」や「怒り」の感情が生まれ、刻々と変化し、やがて消えていくのはご存じかと思います。それはじつに瞬間に生まれて、似た感情が何度も生滅し、変化変容を繰り返し、やがて薄れ、別のものに変化しているのです。

自分を知る

自分を知るとは、その瞬間瞬間に現れては消えるこころの生滅と、その習慣力に気づくことです。あおり運転や暴力による傷害事件を起こす人は、自分のこころに生まれた怒りという感情に気づかないまま執着し、自分が正しいと正当化して、愚かな事件を起こしています。これも神や悪魔の仕業ではなく、自分のこころがしたことです。こころにある悪い習慣力（悪業）がそうさせたのです。智慧のある人は、生じた怒りにすぐに気づきますから、けっしてその感情に油を注いで爆発させたりしません。

自分を知るとは、こころの生滅を見ること、気づくこと、理解することなのです。そして、瞬間瞬間に生滅するこころを観察すれば、自己を制御することができます。つまり、こころに生まれた感情にすばやく気づけば、その感情やこころの習慣力から自由になることができるのです。

こころの生滅を見る

こころの生滅を理解している人は、たとえ怒りが生まれても、それはやがて消えるものであること、一時的な感情であることを知っています。怒りなどの感情は自分にいっさいの利益を生まないものであること、喜びも怒りも悲しみも、生じては消えるはかないものだとわかっています。ですから、けっして感情に溺れて、自分を不幸にすることはありません。

気づきとマインドフルネス

近年マインドフルネスという言葉をよく耳にするようになりました。マインドフルネスとは、こころに起こる思考や感情に、良い悪いなどのレッテルを貼らないで、そのまま受け入れて、同時にそれらに対して何もしないで気づいていることを言います。こころの生滅が一秒の百分の一ほどのものすごい速さで回転し、連鎖反応して感情までつくるので、そのことにゆったりと気づいていることは、簡単そうに見えて、じつに難しいのです。しかし、自分のこころに起こる、あらゆる思考や感情に気づいていることがマインドフルネスであり、自分を知ることです。それは自分のこころに対しても、人のこころに対しても、目いっぱい丁寧に親切に接することです。こころが荒んでいる人は、自分のこころに丁寧に優しく接していないのです。けっして他人のせいではありません。

煩悩とは感情のこと

みなさんのよく知っている仏教用語に「煩悩」というものがあります。幸福を壊す人間の欲望や怒り、悲しみや憤（いきどお）りのことを「煩悩」と言います。じつに『煩悩とは感情のこと』です。まず、煩悩＝感情と考えてください。あなたのこころに感情が生まれたら、ともかく要注意です！　その感情に対して、そくざに反応して動き出さないこと。生じた感情に対して、何もしないで静かに観察する力を育てること。これが、じょうずに生きる最大かつ最終最後の要点です。ほんとうに落ち着いて観察できたなら、それらはあるがままに、その場で因果法則によって枯れて死滅成仏します。

人生において大切なこと

私たちの人生において、いちばん大切なことは自分を知ることであり、こころを成長させることです。こころを成長させた人は、優秀なパイロットが飛行機を巧みにあつかって安全に目的地に着陸させるように、こころを自在にあつかい、幸福に生をまっとうすることができます。それが、いまを生きる、余すことなく生きるということです。

なぜ死を恐れるのか？

人生とは、「生きること」と「死ぬこと」です。そして、ほんとうに生きるとは、いまここを余すことなく生きることと、いさぎよく死ぬことです。このように理解して、いまを生きている人には、恐怖はありません。

「そんなこと言っても、やはり死ぬのは怖い」と言う人は、生きることを十分には知らないのです。余すことなく日々を生きている人、風にゆれる笹の葉を感じ、鳥のさえずりを聞き、青葉と虫に食われた葉や落葉を同じように見る人、人の痛み悲しみがわかり、自分もいずれ死ぬことを知って、こころの底から生を理解している人が、死を恐れるはずはありません。死を恐れている人は、ほんとうは生きることを理解していないのです。人生やこの世界を小さな断片でしか見ていないのです。

なぜ死後のことを憂うのか？

来生のことを心配したり、死後を憂う人には特徴があります。その人は、間違いなくいま幸せでない人です。現生のいま、明るく、楽しく、正しく、憂いなく生きている人が、死後の心配などするはずはありません。来世の心配をする人は、いま幸せではないのです。そういう人は、来世もそのままに不幸です。

死をどう迎えるか

「死んだらどうなるのだろう？」と死後を憂う人は、そもそもその考え方が間違っています。それはあなたの管轄外です。ほんとうに考えたらいいのは、「私はどのように死を迎えるべきか」ということで、これはあなたの管轄（生存内）です。死後には、あなたのやったとおりの結果（始まり）があります。

輪廻転生とは？

もしあなたが「私は死んだあとに、何かに生まれかわる」と思っているなら、まず「私」とは何であるかがわかっていなければなりません。あなたは、「私」としているものが死んだあとも継続する、と考えておられますか？　死んでも変化しない霊魂のようなものがあって、それが別の肉体をもって、「私」が継続することを輪廻と理解しているのなら、それは間違いです。私は輪廻はあると考えていますが、それは「私」が継続することではありません。

私とは？

私とはこころのことです。こころの本体を、霊魂のような不滅の魂としてとらえることは間違いです。そして、こころとは、いまここで活動し、生滅している一種のエネルギーです。

私に見切りをつける

私としているもの、私の体、私の考え、知識や経験、こころに生まれるさまざまな感情、私のエネルギー、そのどれもがろくなものではないと、私に見切りをつける。これほど楽な生き方はありません。

生きることの本質と死ぬこと

ほんとうは、死ぬことが怖ろしいのではなく、生きることが苦しみであり、怖ろしいことなのです。生きることは問題の連続です。葛藤（かっとう）も憂いも尽きることはありません。来る日も来る日も会社に通い、毎日毎日、掃除や洗濯をして、お風呂に入り、食事の準備も後かたづけもしなければなりません。愛別離苦の悲しみはかならずやって来ます。そのように、生きることはけっして楽なことではありません。生きることは苦しみです。くわえて、快楽を追求することには痛みがともない、幸福感の追求自体が苦しみです。しかし、選択する余地もなく、それこそが生きることなのではありませんか。そうしていかにがんばって生きても、そのすべてがやがて終わります。死にます。そのことを静かに理解したら、すべてを自分の意志で終わらせなければならないのです。

自分の意志で死ぬ

肉体の死は管轄外です。放っておいても、遅かれ早かれやって来ます。しかし、こころの死滅は自分の責任範囲です。また、それは簡単なことではありません。多くの人は

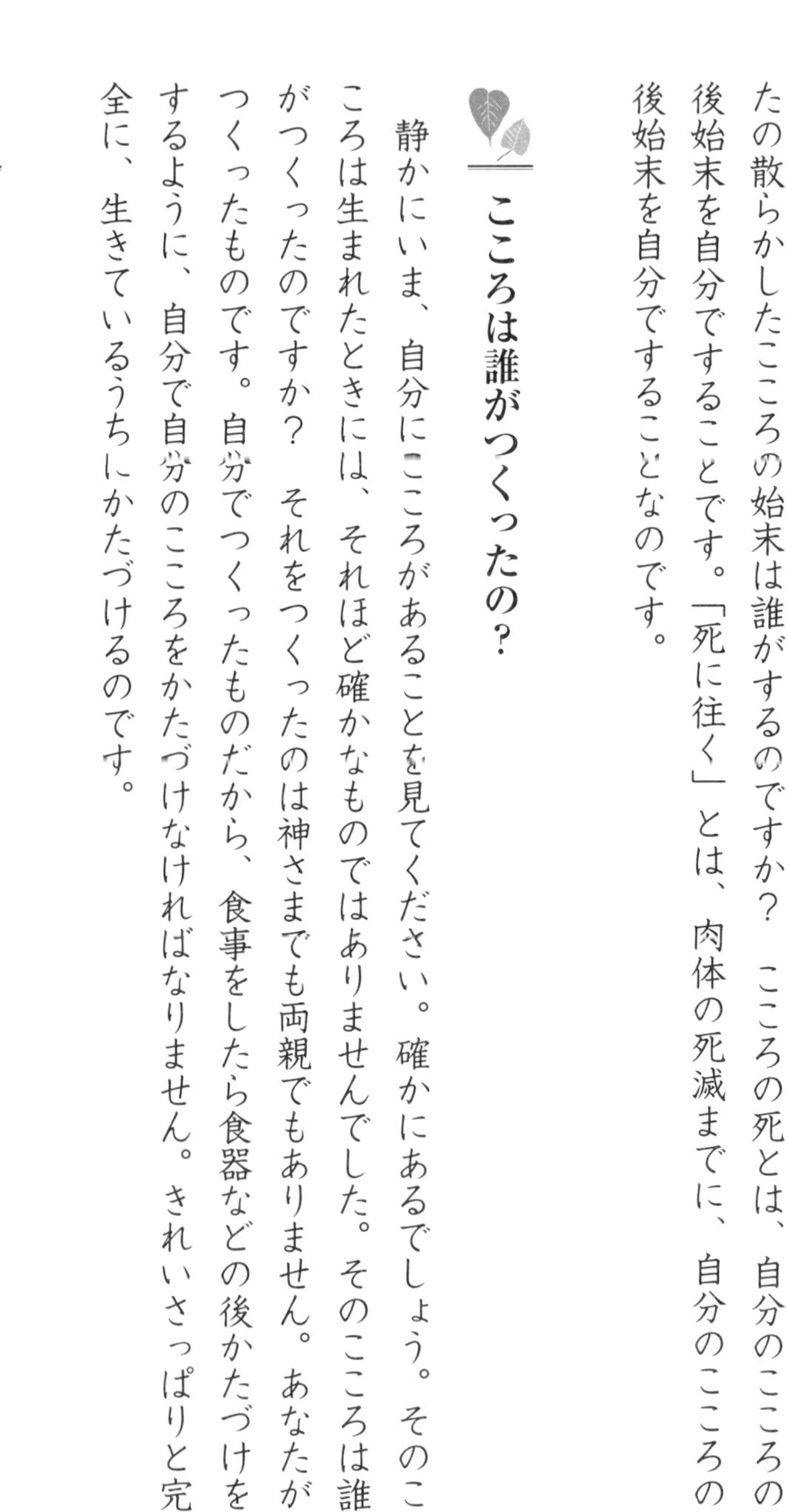

終活と言っても、していることは持ち物や財産など、モノの後始末です、しかし、あなたの散らかしたこころの始末は誰がするのですか？　こころの死とは、自分のこころの後始末を自分ですることです。「死に往く」とは、肉体の死滅までに、自分のこころの後始末を自分ですることなのです。

こころは誰がつくったの？

静かにいま、自分にこころがあることを見てください。確かにあるでしょう。そのこころは生まれたときには、それほど確かなものではありませんでした。そのこころは誰がつくったのですか？　それをつくったのは神さまでも両親でもありません。あなたがつくったものです。自分でつくったものだから、食事をしたら食器などの後かたづけをするように、自分で自分のこころをかたづけなければなりません。きれいさっぱりと完全に、生きているうちにかたづけるのです。

生きることと死ぬこと

人生において、生きることばかりに重点をおいてきた人は、こころの後かたづけがなかなかできません。生きることは、何かすること、散らかすことだからです。死が近づいていても、また何かすること、散らかすことを考えてしまいます。散らかす、かたづけると言っても、もちろん目に見えるものではありません。こころのなかのできごとです。そして、こころの後始末とは、静かに何もしないでいるのを学ぶことです。何もしないでいるのを学ぶことが、必要不可欠なのです。もう一度言います。人生の晩年では、「何もしないでいること」を学ぶのです。それがよく生きることであり、余すことなく生を終わらせて死ぬことなのです。

こころの後始末

こころの後始末は、いまここですべてを捨てる、何もしないことが基本です。それは理屈や理論ではありません。もう欲しいものも、するべきことも何もない、という真実に至ることです。それがほんとうの安らぎです。死を前にして、あなたがしなければならないことなど何もありません。もう何もするべきことなどないのです。「もう何もすることはありません。ありがとうございました」とでも言えばよいのでしょう。それができないと言うのなら、それは死に方の問題ではなく、生き方の問題なのです。

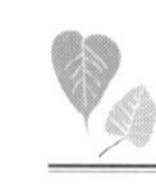

死ぬこと＝何もしないこと

死ぬことも簡単ではない、死ぬことにも修練がいる、と聞いたら驚かれますか？ 肉体の死は、確かに放っておいても向こうからやって来ます。しかし、こころの死滅、ほんとうの意味で死ぬことは、たやすいことではありません。あなたは朝、何もしないで一時間ほどただ坐っていることはできますか？ そんなことは簡単で、私は一時間じっと坐れます、という方は、じつに人生の達人で、いさぎよく死ねる方です。残念ながらおおかたの人は、三分や五分でさえ、じっと何もしないで坐ることなど、とうていできません。あなたのこころは「生きること」、つまり、何かすることばかりを求めて止むことがないからです。

認知症

認知症は、現在の日本ではとても深刻な、どの家庭にも起こりうる大きな問題です。

専門医は、認知症の大半が生活習慣（思考習慣）に起因する、と説明されています。動物園で飼育される野生動物がそうであるように、使われなくなった脳が廃用性の萎縮を起こして機能しなくなるそうです。自然や野生から遠く離れた現代の人間社会を、一つの大きな檻（おり）と見ることができます。その檻のなかで漫然と餌を食べることに慣れてしまうと、野生的な資質を失って、認知症という病状が現れることがあるのでしょう。しかし、それは、その人の生き方しだいで認知症がくい止められる、ということでもあります。認知症にも、周囲に迷惑にならない、おっとりした症状のものもありますが、じっとしていられずに夜中に徘徊（はいかい）したり、意味もないのに動き回るタイプの認知症は、蓄積された観念の習慣力だけが空回りして、「何かしないではいられない」という感情で動いているように見えます。

強迫観念

強迫観念と言うと、きつく聞こえますが、「～しなければならない」という考えが強く迫って、葛藤を生み、生き苦しくなることがあります。私たちの人生は、幼少のころから、この「しなくてはならない」と、その反面の「してはならない」という考えに大きく束縛されています。そのことがあまりにもあたりまえになって、気づいていない人も多いです。人生の晩年において、特にこのような観念が強いと生きづらくなり、家族や周囲の迷惑にもなります。あなたにはどんな「しなくてはならない」と「してはいけない」が残っていますか？　一度自分にゆっくり問いかけてください。

するべきことなど何もない

ほんとうは、人生においても、死を目前にしても、「しなくてはならない」ことなど何もありません。それでも、「何かであらねば、何かしなければ」という考え、習慣的な意識がなかなか消えないのです。だからこそ、こころを育てる修練をして、「私にはもう何もするべきことはありません」という真実に至らなければならないのです。「私にはもう何もするべきことはありません」と深く理解することを「諦める」と言い、それは「あきらかに見ること」であり、諦観（ていかん）とも言います。人生＝生死をありのままに見て覚ることです。

死ぬこと＝すべてが終わること

もう一度確認しますが、死ぬことはすべてが終わることです。見ること、聞くこと、香りを感じ、味わい、外界を感受することが終わります。話すことも、食べることも、寝ることも終わります。自分を認識することもなくなります。考えること、思考することも終わります。すべてが消えるのです。それが私たちの人生の最期に起こることです。そうして、それは静かに受け入れるべきことです。それをひと言も言わずにいさぎよく受け入れることが、こころを自分の意志で逝かせること、すなわち死ぬことです。

死ぬ練習・死ぬ準備

生きることと同じく、死ぬことにも練習や準備が必要です。それは暗いことでも、残念なことでもありません。それは、余すことなく生きることで、それにはそれなりの修練が必要です。こころを育てる、瞑想や修養とよばれているものは、じつにそのことです。どうぞ心身ともに元気なあいだに、むだに時間を過ごさないで、こころを育ててください。それが幸福に生きるということです。

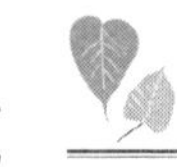

認知症になる前に

認知症になってからでは、できることに限度があります。ですから、大事なことは、認知症にならないような思考習慣・生活習慣を元気なうちに身につけることです。まず、ほんとうに正しい道徳をお釈迦さまから授かるのです。正しい道徳を授かり守れば、最低限、認知症になったとしても、攻撃的でなくカワイさのある、周囲の人のこころを暗くさせない認知症老人にはなれます。さらに、瞑想に精進して気づきの力を育てれば、認知症にならないこころを育てることが可能だと私は思います。

文花

認知症対策

　仏教的な観点から見く、認知症を防ぐには、まず自分のこころ、本心といわれる自分のありのままのこころに、丁寧に繊細に、生まれたての赤ん坊を抱きかかえるように接することです。ほんとうは、自分のこころに対して優しく接することができる人だけが、人に対しても優しくなれます。自分のこころに誠実に接することを覚えたうえで、次の三つを心がけ学びましょう。

一、正しい道徳を学び、積極的に守ること。（悪いことはしない）
二、すべての生命に対する慈しみを育てること。（他の生命に優しくある）
三、こころの静寂を学ぶ。ほんとうの幸福とは、欲しいものを得ることではなく、こころの静けさであることを学ぶ。（ブッダの気づきの瞑想を学ぶ）

　この三つのことを心がける人には、智慧とよばれるものがあらわれます。ひと言で言えば、智慧を育てることで認知症は防げる、と私は思います。

もう一度、人生をやり直したいですか?

遅かれ早かれ、私たちはこの世を去ります。ところで、あなたは死んだあと、もう一度人生をやり直したいですか? すぐに答えないで、静かに自分に問うてください。もし、「もう一度やり直したいです」と言うなら、あなたはあまり人生を学んでいないと私は思います。人生はけっして思いどおりにはなりません。生きることを完成させるのは不可能です。自分の人生を振り返ってみてください。楽しかったこと、記憶に残っている幸福感と、経験した憂い悩み悲しみ苦労を天秤にかけたら、人生はとうていもう一度やり直したいと即答できるようなものではないはずです。あなたが人間の生を真摯(しんし)にまっとうしたなら、もう一度生を得ることは苦しみであり、「私はもうけっこうです」と明確に答えることでしょう。それがよく生きた智慧ある人の答えだと私は思います。

なにごとも長続きしない

この世には無常という真理があります。それはすべてが移り変わり、なにごとも長続きしないということです。この世の人間関係などは、どれもはかないものです。親子の

生きる目的

関係も、夫婦の関係も、そもそも関係は相対的なものです。夫婦の仲がよいことは素敵なことですが、仲のよすぎる夫婦も不幸の種になってしまいます。どちらかが伴侶を失うと、自分も死んでしまいたいほど苦しむことにもなりかねません。

余すことなく幸福に生きるためには、日頃から、すべてのものごとは壊れゆく、私の好きなものも壊れゆくものである、という真理の理解が必要です。あなたがいまなお大切な家族や伴侶と一緒に暮らしておられるなら、その人ともお別れする時が来る、と静かに※念じてください。正しく念じたなら、それは悲しみではなく、いまあることの喜びや感謝、底抜けに明るいこころがあるはずです。

※念じる　この本で、私は「念じる」という言葉を何度か使っています。私が言う「念じる」とは、ありのままの事実に気づいて、明確に確認することです。たとえば、「死を念じる」とは、「私は死ぬ」というありのままの事実を明確にその場で確認することです。

世間では、いろいろな人たちが、生きる目的をまことしやかに説きます。しかし、人によって言うことはまちまちで、生きる目的がいろいろと語られます。いろいろ語られるということは、どれも確たる真実ではないということでしょう。しかし、一つ万人に共通することは、「死にたくない」ということではないでしょうか。自殺する人ですら、ほんとうは「死にたくない」（こんなふうには生きていたくない）と考えているのです。ところが、「死なないこと」に成功する人はひとりもいません。

私は万人に共通する、真理としての生きる目的などないと考えます。それはつまり、自分の生きる目的は自分で考えるべきだということです。

私が自分のすべきこととしているのは、人や他の生命にできるだけ迷惑をかけないこと、楽に死ぬまで生きること、明るく生まれて、明るく生きて、明るくいさぎよく死ぬことです。

死に方はどうでもよい

自分がどのように死ぬのだろうかと不安になり、死を憂う人は、死に方を想像して苦しみを呼び寄せています。これは愚かなことです。私たちは死に方も、死ぬ時期もけっして選べません。死に方などどうでもいいのです。火災や水死、事故死で苦しむのはいやだと考える人も多いと思います。しかし、もう一度言います。死に方は選べません。現実の死がやって来たら、それは痛みや苦しみはあるでしょう。死はあなたの人生において、肉体のコンディションが最悪ということですから、痛みや苦しみは必然です。しかし、心配しなくても、人間は限度を超えた痛みや苦しみを感じると、気を失うようになっています。

安らかな死

そこで、死に至る要因とは別に、ほんとうの臨死が起こります。その時点では、どんな死に方でも、もう肉体的な苦痛はないと私は思います。肉体の苦痛と関係のないところで、こころは終わりを体験します。臨死体験の話はよく耳にしますが、あれは生還した人の記憶なので当てになりません。そのこころの死滅において、仏道で学んだとおりに、すべてには終わりがある、生じたものは滅するのだと、死を受け入れる、何もしないですべてを手放し、安らぐことができたら、それがほんとうの終焉なのでしょう。もともと、しなければならないことなど何もなかったのです。

死に方は生き方

私は去年、令和四年の九月と十一月に続けて母と父を亡くしました。その一部始終を見て、つくづく「死に方は生き方」だと実感しました。表面的な肉体の死因を言っているのではありません。それはただ死亡診断書に書かれた病名のようなものです。その奥にある、こころの死滅は、その人の生前の生き方、考え方のとおりの終焉を迎えることになるでしょう。その時点で自分の生き方を後悔しても無意味です。ですから、死に方は選ぶことができません。生き方こそが大切であり、自分の意志で変えられるのです。そういう意味では、死に方も選ぶことができます。自分の生きたとおりの結果になるのです。すべてのカギはいまここ、いまここのありのままを見ることから始まります。いまここにだけ、なにものにも束縛されない自由、意志があるのです。

どうぞ「理想の私」や「なりたい自分」を見るのではなく、どんなに醜く、どんなに哀れであっても、ありのままの自分を見ることから始めてください。そうして、現実の私を見ることができれば、安らぎは、頼まなくても向こうからやって来ます。

第二章　人は死ぬ

ここまで書いてきたことをひと言で言うなら、「人は死ぬ」ということになります。そんなことはだれでも知っている、と人は言うかもしれません。しかし、ほんとうはそうではないと思います。ふつう、人は「私は死なない」と思っているのです。

ちなみに、あなたはいつ死にますか？　あと十年は生きているだろう。二、三年で死ぬことはないだろう。今月は死なないと思う。今日死ぬことはない。一時間後に死ぬことはありえない。このように、あなたも考えているのではありませんか。つまり、人は基本的に「私は死なない」と考えているのです。

しかし、新聞やネットの日々のニュースを見ていると、死がとつぜんやって来ることがあります。それでもあなたは、それは他人事だと考えているのでしょうか。

仏教の説話に、ふたりの女性の有名な物語があります。ふたりともふつうの平凡な主婦でした。そのふたりはやがて、「人は死ぬ」ということをこころの底から理解して、仏道の究極の安らぎの入口である預流果（よるか）という覚りを得ました。預流果とは、不幸の連鎖の俗世間から離れ、覚りの流れに入った、という意味です。この物語は古い経典に書き記されている実話に基づいたお話です。

それではこのふたりの物語と、「ジャータカ物語」にある蛇前世物語の三つのお話をします。

キサーゴータミーの物語

キサーゴータミーは、貧しい暮らしをしている細身の女性でした。結婚しましたが、なかなか子どもができませんでした。やがて祈願の末、ようやく子どもを授かることができました。その子どもが、歩きはじめた可愛い盛りのころ、とつぜん病気で亡くなってしまいました。彼女のショックはたいへんなもので、わが子の死を受け入れることができませんでした。

周囲の人が、子どもはもう死んだのだから埋葬しましょう、と声をかけても、それを聞き入れることができませんでした。キサーゴータミーは「きっと子どもをよみがえらせる薬があるにちがいない」と考えていたのです。その様子を見たある人が、それならお釈迦さまのところへ行って相談しなさい、と伝えました。キサーゴータミーは、とても喜んでお釈迦さまのもとへ行き、尋ねます。

「この子を治す薬をご存じですか？」

お釈迦さまは静かに答えました。

「それならまず、私のところへ、からし菜の種をひとつかみ持ってきなさい」

からし菜はインドならどこにでも生えている植物です。キサーゴータミーは「それなら簡単に手に入る」と喜びました。次にお釈迦さまは、

「ただし、そのからし菜の種は、いままでだれも死んだ人のいない家からもらってきなさい」と伝えました。

現代の日本は核家族やひとり暮らしの家も多いですが、古代のインドは、私の住んでいる古い村と同様に、家は先祖代々から受け継ぎ、大家族がともに暮らしていました。ですから、人が死んでいない家などありえなかったのです。

キサーゴータミーは一軒一軒、からし菜の種を求めて尋ね歩きました。しかし、死んだ人のいない家は見つかりません。彼女は死んだ子どもを抱えながら、必死になってからし菜の種を求め歩きました。しかし、死んだ人のいない家はとうとう見つかりません

でした。それどころか、どの家でも生きている人より、死んだ人の数のほうがはるかに多いのです。ちょうどそれは、私の寺の檀信徒で、ひとり暮らしの方の仏壇にある過去帳に、百人以上の先祖の戒名が書かれていることに似ています。

こうして、ようやくキサーゴタミーは『人は死ぬ』ということをこころの底から理解することができました。そして、帰り道に墓場に寄り、子どもの亡骸（なきがら）を置いて、静かなこころでお釈迦さまのところへ戻りました。彼女の覚ったことは、ほかのなにごとでもありません。「人は死ぬ」という真理です。お釈迦さまが治癒されたのは、子どもではなく、彼女のこころだったのです。

不死の境地（涅槃）を見ないで百年生きるより、
不死の境地を見ている者の一日の命のほうがすぐれている
※法句（ほっく）経　第八　千の章　一一四　キサー・ゴータミーの事例

パターチャーラーの物語

パターチャーラーという大富豪の娘がいました。自分より身分の低い召使と恋に落ち、結婚しました。やがて、パターチャーラーは二児の母となり、幸せに暮らしていました。そんなある日、とつぜん夫が倒れて亡くなってしまいました。上の子が二歳くらいで、下の子はまだ生まれて間もない乳飲み子でした。

パターチャーラーはしかたなく、子どもを連れて生家に帰ることにしました。生家は少し離れた町にあり、そこへ帰るには、大きな川を渡らなければなりませんでした。

ふたりの子どもを抱えて一度に川を渡ることはできないので、彼女は赤ん坊の寝ているカゴを岸に置いて、まず上の子を抱えて川を渡りました。そして、子どもにそこで待つように告げて、赤ん坊を迎えに戻りました。ところが、川の中ほどまで戻ったところで、上空からワシが降りてきて、赤ん坊を肉片のように奪い去って飛んでいきました。あわてたパターチャーラーは、大声で叫びました。そして、その声に驚いた上の子どもは、こともあろうか、自分が呼ばれているとかん違いして川の中に入り、流されてしまいました。パターチャーラーは、こうして一瞬にして、ふたりの子どもも亡くしてしまったのです。

彼女は、正気を失いました。それでも、生家に向けて歩きだしました。ちょうどそこへ、生家のある町の方から、男の人が歩いてきました。パターチャーラーは、自分の生家の親はどうしているか、とその男の人に尋ねました。すると、その男の人は、生家のある方向を指さして、

「パターチャーラーさん、遠くに煙が上がっているのが見えるでしょう。あなたの両親は二日前の嵐で川に流されて、ふたりとも死んでしまいました。あの煙は、あなたの両親を火葬している煙です」と答えたのです。

パターチャーラーはこれで、夫とふたりの子ども、そして両親の五人を亡くしてしまったのです。それでも、彼女は、生家の方向へ歩いていきました。歩きながら自分の服が脱げ落ちたことにも気づかず、裸同然の姿で幽霊のように歩いていました。

そのあまりに悲惨な姿を見かね、通りがかりの古い知り合いが、お釈迦さまのところへ行って相談するように告げました。パターチャーラーは、その姿のまま、お釈迦さまのところへ行きました。

そして、自分の身の上に起きたできごとをお釈迦さまに話しました。お釈迦さまは、一部始終を聞いて静かに答えました。

「パターチャーラーさん、落ち着きなさい。あなたが大切な人を亡くして、途方に暮れ、嘆き悲しむことは、なにもこれがはじめてのことではないのです。あなたがこの輪廻の世界に生きて、今日のように親を亡くし、伴侶を亡くし、子どもを亡くして流した涙は、四つの海の水よりも多いのです」

お釈迦さまは、パターチャーラーを慰めるわけでもなく、ただ深い慈悲のこころをもって、このようにお答えになったのです。

パターチャーラーの嘆きはしだいにおさまり、すべて消えました。彼女の嘆き悲しみがすべて消えたのは、彼女が「人は死ぬ」ということを、こころの底から理解したからです。

ものごとの生滅を見ないで百年生きるより、
ものごとの生滅を見ている者の一日の命のほうがすぐれている

※法句経　第八　千の章　一一三　パターチャーラー長老尼の事例

有名な論語に、「朝に道を聞かば夕べに死すとも可なり」という詩句があります。この二つの物語で紹介した法句経に通じるもので、「朝、真理を聞くことができれば、その日の夕方に死んでも悔いはない」という意味です。

＊　＊　＊

さて、近しい人を亡くしたり、葬儀に参列したときに、いちばん大切なことは何でしょうか？　次は、それを語ったお釈迦さまの言葉です。

Yathā etaṃ tathā idaṃ.
ヤター　エータン　タター　イダン
これはそのようになる。

つまり「この私もそうなる、すべての生命もそうなる、私も死にます」という意味で、そのように確認する、念じることが大切だということです。一見、たいした意味のない言葉に思えます。副詞と代名詞だけのたった四つの言葉です。

しかし、この章で紹介した、預流果に覚ったパターチャーラーもキサーゴータミーも、ふたりの覚りの中味は、「人は死ぬ・私も死ぬ」ということです。このことをほんとうに、いまここで理解したら、すべての怒り・欲望・悩み・苦しみ・憂いが消えて、その場で安らぎを得ることができるのです。そういう意味で、究極の瞑想、死の瞑想がこの言葉に要約されています。

蛇前世物語

田舎で暮らし、農業によって生計を営んでいた、お釈迦さまの前世である農夫のお話です。

農夫は、怠ることなく『死の瞑想』を行っていました。それは、『死はいつでも起こりうる』と、真実を常に心に念じることです。ふつう我々は、死に向き合いたいとは思わないものです。しかし、農夫みずからが死の観察を習慣にしていただけではなく、家の者たちにも、死を念じるようにすすめていました。

ある日、息子といっしょに畑を耕していたときのことです。息子が蛇にかまれて、その場で死んでしまいました。

しかし、農夫はみじんも混乱することはありませんでした。泣くことも嘆くこともなく、死体を木の根元まで運び、その上に上着をかぶせました。そして静かな心のまま、ふたたび畑を耕しはじめたのです。

しばらくして、畑のそばを通りかかった人に、家の者へことづけを頼みました。お昼のお弁当はふたり分ではなくひとり分だけでよい、それから香と花を持ってくるように、と。

その伝言が家に届けられたとき、農夫の妻は、息子が死んだことを察知しました。しかし、嘆き悲しむことはありません。娘も、息子の嫁も、召使いも悲しみませんでした。父親の伝言どおり、香と花を持って、家の者全員で畑へ向かいました。そして、とても簡素に火葬をはじめたのです。このときだれひとり、悲しみで涙を流す者はいませんでした。

そこに、天界から、神々の王であるサッカ王が地上に降りてきました。そして炎のまわりに立っている家族に、「動物の肉でも焼いているのですか？」と尋ねました。

「動物ではありません、私の息子です」と農夫は答えました。

「それなら、あなた方は息子のことを大切に思っていなかったのでしょう」

とサッカ王が言いました。

「いいえ、とてもかわいい息子でした」と父親が答えると、サッカ王が尋ねました。

「それでは、なぜ、涙を流していないのですか？」

父親は、次のような詩をもって答えました。

『人は生の感受を失い、この世の肉体を捨て去ってゆく。あたかも蛇が古い皮を脱ぎ捨て去ってゆくように。蛇は振り返ることなく、我々の嘆き悲しみは亡骸には知りえない。それゆえ私は悲しまない。息子は行くべき世界に行くだけである』と。


死んだ息子の母親にも同じことを尋ねました。母親はこのように答えました。

『呼びもしないのにここに来て、告げもせずに去っていった。勝手に来ては勝手に去ってゆく。それに嘆く理由があろうか？　我々の嘆き悲しみは亡骸には知りえない。それゆえ私は悲しまない。息子は行くべき世界に行くだけである』と。


死んだ息子の妹にも、サッカ王は尋ねました。

「あなたはお兄さんをとても尊敬していたでしょう。なぜ涙を流さないのですか？」

妹は次のように答えました。

『何も食べずに泣いていても、私にはなんの利益もない。親類縁者や友人たちに、さらに悲しい思いをさせるだけ。我々の嘆き悲しみは亡骸には知りえない。それゆえ私は悲しまない。兄は行くべき世界に行くだけである』と。

そして、サッカ王は死んだ息子の妻に、なぜ泣かないのかを尋ねました。妻は答えました。

『子どもが夜空に浮かぶ月を取ってくれとせがんで泣くように、人は愛する者を亡くして無益に嘆く。我々の嘆き悲しみは亡骸には知りえない。それゆえ私は悲しまない。夫は行くべき世界に行くだけである』と。

最後に、サッカ王は召使いに、なぜ泣かないのかを尋ねました。召使いは答えました。

『ご主人様に厳しく扱われたことは一度もありません。とても慈悲深い方で、わが子のように私に接してくださいました。しかし、地面に落ちて砕けた水がめがもうもとには戻らぬように、死者を思い悲しむことはむだなことです。我々の嘆き悲しみは亡骸には知りえない。それゆえ私は悲しまない。ご主人さまは、行くべき世界に行くだけである』と。

第三章　明るく生きるには

明るく生きるには、第一章のはじめにお話ししたのと反対の生き方に方向転換することです。たとえば、「死」を幸福のキーワードと理解すること。死を忌み嫌わずに、積極的に受け入れること。日常生活のなかで「死」を感じ、死を連想することに出会ったなら、それを自分の人生を見つめ直す機会だと理解する。そして、人間関係を改善させ、ほんとうに生きることを学ぶのです。

老いることや病気になることも、けっして避けられない真理として私たちの目前に堂々とやって来ます。病気や病気による入院なども、確かに自分の生き方を見直すチャンスです。たとえ病気になって余命を宣告されたとしても、それは専門家の親切な意見として素直に受け取り、残された人生を有意義に生きるべきだと思います。

他人の訃報を耳にしたり、親族の葬儀などの儀式に参加することも、死を理解して、生き方を学ぶ好機と理解します。

そうして、「人は死ぬ」「私も死ぬ」と明らかに理解して、死は縁起が悪いなどと思わず、積極的に死と触れ合うことが肝要です。それが明るく人生を生きることに直結します。人は元来、明るく生まれ、明るく生きて、明るく死ぬものと理解しましょう。最後に、日々の生活で実践すべきこととして【死の瞑想】を紹介します。

死の瞑想

死の瞑想のことを「死随念（しずいねん）」ともよびます。多くの人は死を忌み嫌い、自分から遠ざけ、死を避けて生きています。それは生にしがみつくような、哀れで中途半端な生き方になります。その正反対の生き方を教えるのが「死の瞑想・死随念」です。随念とは、そばにおいて常に心にとめておくことです。ですから、「死」をみずからの意志で、自分のそばにおいて、随念する、常に念じ受け入れるのです。それによって、ほんとうに幸せに生きるために不可欠な智慧が生まれ、死への恐怖から離れて、生ききることができるようになります。

はじめて読まれたときには、暗い、気持ち悪い、など違和感をもたれるかもしれません。しかし、とにもかくにも、毎日読んでみてください。毎日繰り返して読むことで、自然に真理がこころに根づく、伝統のある瞑想法です。

次に紹介しますので、静かな場所に行って、毎朝ゆっくり読み、自分のこころに真実を教え、こころを育ててください。三分あればできます。

死の瞑想 一（死随念）

私は老います。私は老います。私は老います。
私は老いるという性質をけっして乗り超えることはできません。
私は老います。私は老います。私は老います。

私は病気になります。私は病気になります。私は病気になります。
私は病という性質をけっして乗り超えることはできません。
私は病気になります。私は病気になります。私は病気になります。

私の好きなものはすべて私から離れ壊れてゆきます。
私の好きなものはすべて私から離れ壊れてゆきます。
私の好きなものがすべて私から離れ壊れてゆくという真理を免れることはできません。

私の好きなものはすべて私から離れ壊れてゆきます。
私の好きなものはすべて私から離れ壊れてゆきます。

私は死にます。私は死にます。私は死にます。
すべてには終わりがあります。すべてには終わりがあります。
生を完成することはできません。生は苦しみで終わります。生は苦しみで終わります。
すべての生命は死という性質を乗り超えることはできません。
私は死にます。私は死にます。私は死にます。

もう一度言います。とても暗くて、こんな言葉を毎朝唱えるのはいやだと反応された方もおられるかもしれません。しかし、この「死の瞑想」は、こころの底から明るい瞑想なのです。
多くの人々は、真実を知らずに無病息災などと言って、自分の欲望の実現ばかりを願います。それは、老いないこと、病気にならないこと、好きなものといつまでも一緒にいること、生きること、成功すること、賞賛されること、ひいては死なずに永遠に幸福に生きることです。しかし、このような欲望はけっして満たされることはありません。このような真理からはずれた欲望を夢・期待・希望とよんで、人間らしいすばらしい願いと思い違いしている人が多いです。そのような洗脳を受け入れている人々にとって、この「死の瞑想」は暗く感じられます。

ほんとうは自分の欲望を信じ念じている人のこころが暗いのです。ですから、「死の瞑想」を実践する目的は、欲望を無意識に肯定する洗脳から離れて、こころを底抜けに明るくすることにあります。死の瞑想はその究極とも言える瞑想法です。

短くて簡潔な真理の言葉を、さらに二つ紹介しておきます。

死の瞑想　二

すべての生命はかならず死に至る。死は避けられない。
水に描く線のように命は消される。命ははかなく、死は確実。

無常偈

すべての現象は壊れゆきます。それらは生じては滅するものです。
生じては滅する、その生死生滅の終焉こそが、ほんとうの安らぎです。

どうぞ毎朝、真理の言葉を念じることから始めてください。

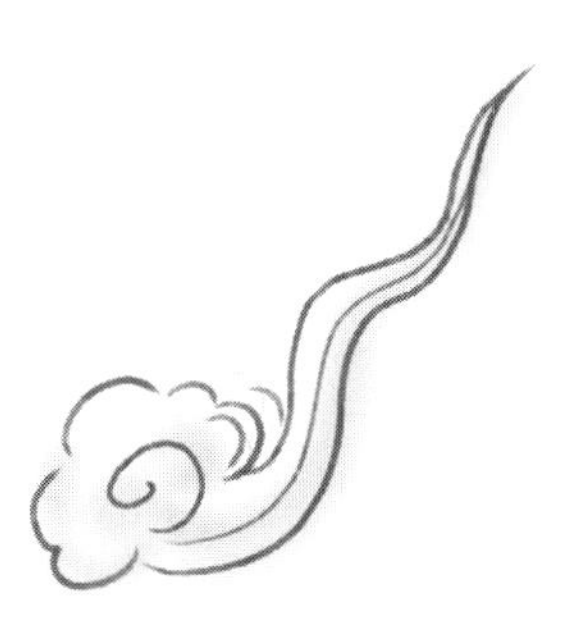

あとがき

「死ぬこと、生きること」について、私の考えをまとめてみました。この本を書くにあたっては、毎日経典のように読んでいる、テーラワーダ仏教のスマナサーラ長老の著作や、故クリシュナムルティ師の書物から大きなヒントを得ています。また、後半のキサーゴータミーの物語・パターチャーラーの物語・蛇前世物語は、出村佳子さんが紹介された、スリランカのV・F・グナラトネ師の『仏教から見る死』のアイデアをそのまま使わせていただきました。ここで心より、先生方に感謝申し上げます。

さて、最後に、もう少し視野を広げて、問題の本質を問うてみたいと思います。

地球には何十億という人々が生きています。それぞれの人はどんな世界で生きているのでしょうか？　私は「人は思考世界に生きている」と答えます。

私には私の、人には人の思考世界があります。たとえば、私は「コロナ禍はいったいどこへたどり着くのだろう？　マスクもワクチンもいらないんじゃない…」と考えています。新型肺炎やワクチン、マスクなどについても、それぞれの人にそれぞれの考えがあります。みんな、日々の暮らしや仕事、社会の現状や世界について考え、それぞれの意見、夢や希望をもって生きています。それが「思考世界」です。

そこで、この思考世界が大問題であることに気づいている人はきわめて少ないです。思考が人を幸せにし、思考が頼みの綱で、思考こそが自分自身だと思い違いしているからです。確かに、人間にとって思考することは大切です。しかし、その思考が問題を引き起こしているのです。そもそも、この世界にある思考を見たとき、人を幸せにする思考より、人に災いをもたらし、人を不幸にする思考のほうが圧倒的に多いように思われます。

一国の代表という地位にある人が、「敵対する国に爆弾を落として、そこに生存している人を殺害する」という思考をし、そのようなことが実行されています。また、そのような愚かな思考を、勇気のある判断だと賞賛する人も大勢います。どう考えても、それでは問題が解決するはずがありません。

じつに有史以来、人間は思考によって神をつくりだし、思考によってさまざまな政治的イデオロギー、民族意識を増幅させ、分断が繰り返されてきました。私は世界の人々から、自分は日本人、私は中国人、私はアラブ人、私はイスラエル人…、私はキリスト教徒、私はイスラム教徒、私は仏教徒といった思考がなくなれば、どれだけの命が守られ、どれほど平和に生きられるかと思います。
強い宗教観念、民族意識やいきすぎた愛国心が災いを招いていることは、火を見るより明らかです。それでも、人は思考に問題を感じていないどころか、ますます思考を強くしています。精神科医やセラピストに聞いたら、思考をもち、思考に執着することが精神病のもとであると言うでしょう。
どんなすばらしい思考でも、その思考に執着し、それを正しいとすることから対立が生まれ、よろずの災いが生じているのです。ここまでお話ししてきた「死ぬこと」とは、あらゆる思考に執着しないで捨てることでもあります。どんな思考も、いつまでもにぎりしめていてはいけないのです。思考には消費期限があり、その期限内にきれいさっぱり整理して捨てなければならないのです。

あなたのこころが静かに安らいでいる状態を思い出してください。小川のせせらぎや、鳥のさえずりを傾聴しているとき、そんなときは思考がなくなっていて、ただ何も考えず自然と一つ……、思考から解放された瞬間なのです。

私の提案は「思考してはいけない」ということではありません。ただ、思考は自我を強める経験でもあります。まず、一見なんでもなさそうな思考に危険があることを知ってください。また、思考に依存することは苦しみを強めます。思考に支配されてもがき苦しむようなことは、けっしてあってはいけません。ですから、健康で活力があるあいだに、自分の意志で、思考から離れた安らぎのある生き方を取り戻してほしいのです。

それは、身近に実践できることです。思考したら、その思考に気づく、その場で終わりにする。思考を強めない、思考に執着しない生き方があるのです。また、それは、自分の思考を正しいとすることのない楽な生き方です。実践してみれば、それほど複雑で難しいものではありません。宗教信仰的な生き方でもありません。

ほんとうに大切なことは思考する必要がありません。思考する前に答えがあらわれます。それを智慧とよび、そのような智慧で生きる。道徳心を大切にして、周囲の生命を害さない生き方をする。こころの静寂を愛する。そうすれば、私も私の周囲の人も他の生命も、いまよりずっと楽に生きられるようになります。この本がそのような世界を知るきっかけとなることを願っています。

最後になりましたが、いつもながら私の読みにくい文章を読みやすく編集校正したのは、吉水容子です。また、翻訳家の吉田利子さんには、いつも言葉や表現についてアドバイスを頂いています。ここに感謝申し上げます。
お読みいただき、ありがとうございました。

すべての生きとし生けるものが幸せでありますように

吉水秀樹　拝

〈著　者〉
吉水秀樹（よしみず ひでき）

1959年 京都府に生まれる　現安養寺住職
著書に「ブッダとなる瞬間」　コスモスライブラリー
　　　「ダニヤ経」　方丈堂出版
初期仏教学びの会、安養寺みんなの仏教、瞑想会を主宰
問い合わせ・感想は anyouji27@gmail.com まで

表紙絵・挿絵　中田文花

生きることは死ぬこと — *Die to Live* —
おだやかに死を迎えるには

2024年 2月12日　第1版第1刷発行

発 行 者　吉水秀樹

発 行 所　株式会社 方丈堂出版
〒601-1422 京都市伏見区日野不動講町 38-25
電話 075-572-7506
URL https://hojodo.jp/

印刷製本　有限会社 新進堂印刷所

落丁・乱丁本の場合はご連絡ください。送料弊社負担にてお取り替えいたします。